DMITRI SCHOSTAKOWITSCH / CHRISTIAN SIKORSKI

Adagio · Allegretto

für Streichorchester / for String Orchestra

Taschenpartitur / Pocket Score

MUSIKVERLAG HANS SIKORSKI · HAMBURG

INHALT / CONTENTS

Dauer: ca. 8 Minuten / Duration: approx. 8 minutes

Das Stimmenmaterial zu dieser Version ist leihweise vom Verlag zu beziehen.
Parts for this version are available on hire from the publisher.

Adagio
für Streichorchester

Adagio
for String Orchestra

Bearbeitung der Quartettversion: Christian Sikorski
Arrangement of the quartet version: Christian Sikorski

Dmitri Schostakowitsch
Dmitri Shostakovich

6

nach der Arie der Katerina aus dem 3. Bild der Oper "Lady Macbeth von Mzensk", op. 29
after Katerina's Aria from Scene 3 of the Opera "Lady Macbeth of the Mtsensk District", Op. 29

Allegretto
für Streichorchester

Allegretto
for String Orchestra

Bearbeitung der Quartettversion: Christian Sikorski
Arrangement of the quartet version: Christian Sikorski

Dmitri Schostakowitsch
Dmitri Shostakovich

© 1990 by Musikverlag Hans Sikorski, Hamburg

H.S. 2363

12

nach der Polka aus dem Ballett "Das goldene Zeitalter", op. 22
after the Polka from the Ballet "The Golden Age", Op. 22

H.S. 2363